Francisco Marín Vargas

ESFERAS TEMPORALES

AFORISMOS, MEDITACIONES
Y OTROS ESCRITOS

Breve recopilación

© Francisco Marín Vargas - *Esferas Temporales*
© Editorial La Rueca
www.editoriallarueca.com

Primera edición: febrero 2024
Ilustración interior: Carmelo De La Torre López

ISBN: 978-84-19865-54-0
Depósito Legal: M-4480-2024

Libros que componen esta breve recopilación

- Un nuevo camino hacia el encuentro
- Regresar sabiendo que nada es todo
- Todo responde a un mismo instante
- Del estruendo nace la posibilidad

Se incluye en esta recopilación varias composiciones inéditas.

Prólogo

Cuando me encontré con este desafío, sentí emoción, alegría, y por supuesto un inmenso respeto, pues no todos disponen de la oportunidad y el honor de tener el privilegio de ser elegido por el escritor y gran amigo Francisco Marín Vargas, para realizar este pequeño prólogo de su último libro.

La idea me abrumó, pero era imposible dejar escapar la ocasión que me brindaba la vida, viéndome envuelto en la aceptación de dicha oportunidad para realizarlo, a pesar de mi escasa experiencia para redactar este tipo de escritura.

Francisco, además de ser una persona amable, cercana y afable con todo aquel que tiene la suerte de conocerlo, es todo un ilustrado en el arte de la cetrería, la cual uniría nuestros caminos para siempre desde el mismo día que pude descubrir su paraíso "La Pihuela", (casa y centro de cría de aves rapaces del autor).

Su faceta de escritor entre todas las que tiene, encandiló aún más mi admiración por él. Recuerdo con mucho cariño el momento en que me regaló uno de sus muchos libros, de título "Llamémosle vida". Con este libro pude descubrir mucho más de cerca su manera de ver la vida y como esa escritura te transporta a su mundo, el cual nos muestra una forma muy diferente de cómo percibir la realidad de las cosas.

Este último trabajo "Esferas temporales", es una breve recopilación de sus libros de aforismos, en el que podemos encontrar al autor en toda su esencia, revelándonos su manera más íntima y espiritual de interpretar los sentimientos y pensamientos. En este libro, el autor nos hace partícipe de él, invitándonos a reflexionar a través de sus aforismos, meditaciones y otros escritos, sobre la propia esencia y existencia del ser.

Hago mención de algunas de estas sinceras frases para dar una idea de la profundidad de sus palabras: "Para estar vivo no basta con respirar"/"Será una batalla de desigualdades convertir el amor en amistad"/ "Sólo estando puedo ser." (…)

Para terminar, quisiera agradecer la confianza puesta en mí al escogerme entre tantas personas como hubiesen podido escribir este prólogo, y sobre todo, por tanto que me aporta.

Gracias Francisco.

Francisco José De Gomar Noguera

Lo que niegas te somete.
Lo que aceptas te transforma.

Carl Gustav Jung

A Juan José Martínez

Por su profundo sentir,

para que siga volando siendo Águila.

No sabremos quiénes somos
si no nos adentramos en la frialdad
de la discordia
de un encuentro con nosotros mismos.

Mis márgenes son espacios
en los que poder encontrar
la forma de conocerme.

Siempre hay otra pregunta
que nos devuelve a la duda.

Nada sin que nazca otra vez se repite.

¿Qué sucede cuando la lucha
es con uno mismo,
cuando en el interior del pensamiento
se camina sobre hielo?

Las personas formamos un conjunto
de posibilidades
de aquello que nos hace ser,
condicionándonos a actuar bajo lo establecido
para un desarrollo natural.

También hay asombro en el espanto.

La oscuridad de la noche es una tregua.

El ser curiosos nos hace evaluar las opciones desde más diversas perspectivas.

Me siento mejor
estando en pleno acuerdo con mi silencio.

Poner nombre es señalar.

Para estar vivo no basta con respirar.

Dentro de una espiral el tiempo deja de ser
para que seamos apertura a la imaginación.

La conciencia es un círculo abierto
moldeado a nuestro interés.

La naturaleza
es un modelo de humildad a seguir.

El dolor, además de ser cicatriz
que da sentido al sufrimiento,
es una manera de exigencia y progresión.

La ceniza es la metamorfosis de la carne.

Estaría bien saber que la casa
no son las paredes.

Una pluma caída fue en otro tiempo
impulso, alejamiento.

Solo desconocimiento me habita.

El mundo se impone haciendo pequeña la vida.

Cada vez que pienso en la muerte,
esta me entrega conocimientos
creándome nuevas dudas.

Alejándonos de los árboles dejamos de crecer.

Dentro llevamos un adiós.

El tiempo carece de valor
cuando buscamos lo que no es donde no está.

El desconocimiento es una forma de olvido.

Cualquier enseñanza que transmitamos
generará consecuencias no solamente
aprendidas, sino que además actuarán
en la forma de evolucionar la historia.

Sin rumbo podemos ampliar el sentido
de la vida.

Si no estamos preparados
no nos pueden ayudar.

En mi interior todo cambia constantemente.

Cuando dejamos de necesitar
nos encontramos con una revelación
que nos hace sentir en un estado superior.

Siento enorme admiración por todas
aquellas personas
que una vez fallecidas superaron a la muerte.

No hay valiente que no sepa llorar.

El desandar es tan necesario como el andar.

Será una batalla de desigualdades
convertir el amor en amistad.

En cada historia hay un patrón que se repite.

Todos tenemos una pregunta más importante.

Y ahora, después de respirar,
siento enorme necesidad de seguir
dentro de mí.

Para dar protección a toda forma de vida
debemos ser consecuentes
de nuestro lugar dentro de la evolución.

Todo responde a un mismo instante.

Hay un mar de sueños en mi despertar.

No besar, ser el beso.

Para perdonar,
antes hay que transformarse y crecer.

Tras hacer la pregunta,
el tiempo de espera hasta obtener la respuesta
se detiene de manera inalterable.

Solo es luz
si al observarla descubrimos
nuestras imperfecciones.

Perder el tiempo es envejecer.

En un vacío total
seríamos aquello que deseáramos ser.

Si esperas toda una noche,
al final te encuentras con una mañana.

La deforestación de las palabras
no solo como ejercicio de meditación,
sino como manera de manifestarse.

¿A quién pertenece la espera,
al tiempo o al espacio?

La idea de grandeza
acabará con nuestra existencia.

Constantemente siento la necesidad
de enamorarme,
a pesar de ya estarlo.

A veces, aunque sea de día,
la casa sigue a oscuras.

Llorar es confesar.

La vida es más vida para aquel que sabe su final.

Todos somos secreto para los demás.

La hoja muerta da vida al otoño.

Mientras más adulto más me alejo.

Lo verdaderamente difícil no es existir,
sino aprender a estar dentro de esa existencia.

Aunque sea a través de la claridad
de algún modo todos estamos unidos.

El vuelo de un pájaro
es similar a la grandeza del universo.

La muerte nos hiere al nacer.

El comienzo resulta difícil
para que sepamos de su grandeza.

No puedo recordar aquello que dejé de vivir.

No siempre la palabra
cumple su cometido de decir,
a veces, su silencio es quien expresa.

No quiero el mañana ni el hoy,
quiero el ahora y estar en él.

No todos los fuegos arden,
aunque sí todos queman y destruyen.

Todo aquello que pudo haber sido y no fue,
de algún modo siempre nos aguarda.

Mientras esperamos,
solemos relacionarnos con nuestras emociones.

Toda lucha tiene una espera o un vacío
que inevitablemente nos hace crecer.

Quiero ser quién esperas.

No resulta fácil asumir que ya no somos.

Cuando sentimos profunda oscuridad
encontramos mayor conciencia.

La verdad y la mentira siempre nos confunden.

El suicidio de las palabras
provoca consecuencias en la estructuración
para el entendimiento y aclaración de las frases,
así mismo, se establece una falsa interpretación,
creándose por ello manipulación
e incorrecta vocalización
en el sistema de pronunciación.

Lo que me hizo creer en la palabra
se llama silencio.

Si no existe magnitud ni hay desarrollo,
el acontecimiento no creará transcendencia
y será olvidado.

Ni al sonido ni al aire que alimenta al tiempo,
será al camino,
a quien extrañe mis pasos.

En gran medida la esencia de la felicidad
es a causa de necesidades.

Todo se destruye,
salvo la necesidad de volver al comienzo.

El llanto es tan nuestro,
y sin embargo no nos pertenece.

No puedo pretender ser más importante
que yo mismo.

Dominando los impulsos
creamos la necesaria estabilidad emocional
en la entidad de nuestro ser
para seguir en clara armonía.

Nacemos en cada respiración.

La repetición de nuestros actos
es la principal causa de la integridad
y desarrollo del ser.

Dar y esperar recibir
es mentir a quien dimos.

Mis conocimientos
se nutren del silencio en el que habito.

Todo intento tiene una parte de pérdida.

Mientras seamos conciencia
seguiremos en el camino.

Si no respetamos otras opciones,
otras posibilidades,
deberíamos asumir una gran derrota
de quiénes somos.

Sigo en constante apertura
por si la vida me encuentra.

Qué podemos sino necesitar más tiempo
cuando descubrimos la realidad
de nuestro vacío.

Qué es la importancia
sino un estado de necesidad.

Vivir en libertad es vivir en la esclavitud
de mantener esa condición.

Cuando necesitamos superar
momentos difíciles
nos convertimos en calma.

Existimos cuando la solidez de
nuestros pensamientos
nos hacen susceptibles de ello.

Solo estando puedo ser.

Al descubrir que somos parte de todo,
y que todo está unido,
fortalecemos la conciencia.

La duda resulta ser un falso entendimiento.

Si demostrar la verdad
nos distancia de la realidad
seremos culpables de distorsionar la inocencia.

Nuestra arrogancia
nos hace entrega de lo que somos.

La persona narcisista evalúa
cada comportamiento,
cada acción ajena para acrecentar su ego.

No abrazar sino ser abrazo.
No decir te quiero, ser el sentimiento.

Que seamos diferentes nos da la oportunidad
de enfrentarnos con mayor seguridad
a la sociedad
y a su sistema desigual de posibilidades.

Los secretos escondidos
detrás de palabras calladas,
serán descifrados
una vez conozcamos el lenguaje de la mirada.

Al crecer solemos convertirnos
en almas arrancadas a la inocencia.

Nos sobran despedidas.

Cada generación es una pequeña reiteración
de la historia.

Todo es de naturaleza mayor
si creemos en el poder de superación
de sus partes creadoras.

Descubrimos el sendero hacia
el verdadero camino
experimentando en nuestro interior un vacío
no solo de palabras, también de necesidades.
Un gran silencio que queda en lo estrecho
de la apertura
que nos deteriora transformándonos en luz.

Cada vez que estoy entre la multitud
acabo perdiéndome y no me encuentro.

Todas las horas de dolor
que sufrimos a lo largo de nuestra vida,
precisamente son las que con firmeza
nos sujetan a la propia vida.

En nuestra mente
siempre existe una lucha de decisiones.

Para partir sintiéndonos completos
debemos amar el instante
en que se rompe el hilo que nos sujeta a todo.

Repetir protagonismo es un intento de vanidad.

Todo puede romperse.

Lo terrible no siempre es malo, a veces salva.

Al menos una vez al día deberíamos recordar
quiénes somos.

La parte más noble y verdadera del fuego
siempre será la ceniza.

Los signos son el habla del alma,
la interpretación del silencio.

Sentir locura dentro de la locura
para vivir dentro de la vida.

Qué difícil pensar cuando todo está bien.

Siempre he pensado que las flores
de una corona
dejan de ser flores para ser solo hierva.

No escribir para decir sino para sentir.

Cualquier camino es apertura
y sus márgenes también son camino.

En nuestro interior existe un reino
si vivimos en silencio.

La familia también son personas.

Apagar la luz enciende la oscuridad.

Aún sabiendo que nunca crecerán,
seguimos plantando muerte en los cementerios.

La diferencia entre hablar y decir
radica en no seguir con atención a la palabra
sino al gesto.

La naturaleza no es la madre,
sino la hija de aquello que fuese
que nos puso en este lugar.

Experimentar la vida solo como forma
de subsistir
nos condiciona a establecer nuevas ideas
de lo que somos.

Morir es nacer sin madre.

Pienso si la naturaleza utiliza a los árboles
como nosotros hacemos con las palabras,
simplemente para comunicar el sentido de
la existencia.

Somos instantes dentro de una materia
que usamos como movimiento
para alcanzar nuestro constante cambio.

Sin apenas darme cuenta sigo respirando.

En un vacío cabe tiempo,
distancia y desconocimiento.
Cuando lo descubrimos queda menos tiempo,
la distancia se acorta, y el desconocimiento,
al igual que el vacío, se hace mayor.

La poesía, más que decir, descubre.

Todo puede ser entendimiento
cuando ambos extremos se unen.

La arrogancia es un tremendo deterioro
que impulsa a los que la sufren a un gran vacío
de autoconocimiento emocional.

La cicatriz es la forma más hermosa
que tenemos para llegar a la cura.

Para saber que estoy cuerdo siempre
me pregunto:
¿Soy parte de la pregunta?

Ser solitario es un método de felicidad
en forma de conformidad.

De noche, en el bosque todo es grande.

Para que tengamos una familia
aunque sea de pocos miembros,
tenemos que buscar entre muchos parientes.

La muerte, esa lucha que intentamos controlar
abordándola desde la convicción
de un entendimiento
que calme todo el proceso, toda la amplitud
a la que nos enfrentamos
desde nuestra íntima derrota.

Cuando invadimos un nuevo espacio
no somos del todo conscientes de la alteración
que nuestro propio lugar sufre
dentro del vacío temporal.

Qué es la vida sino repeticiones.

Todo es oscuridad cuando no hay aceptación.

La existencia de emociones
y pensamientos positivos
es lo que nos protege de nosotros mismos.

Cada persona es una historia
de la que aprender.

Para sentirnos: regresar al corazón.

Un largo silencio es la ayuda que se nos ofrece
para reconducir nuestro estado
de malestar interior.

Morir es nacer hacia dentro.

Ahora sabemos que el comienzo
provocó alteraciones
que a largo plazo nos conduciría
a la mayor creación de la nada.

La sujeción de la autoestima
debe ser suficientemente poderosa
para olvidarnos de las consecuencias
que a corto plazo nos lastima
la creencia de superación.

El dolor de la vida puede considerarse
el más hermoso sufrimiento.

Quien guarda silencio
conoce el daño de la palabra.

Una voz conocida en el silencio del mundo
nos entregará el nacimiento perfecto.

En realidad toda una época
resulta ser un pequeño acontecimiento.

La oscuridad es luz antigua.

Nadie escapa del todo del lugar del que es.

Lo que existe también fue pasado,
una perfección diferente pero incompleta.

Mientras no comprendas mi silencio
no podrás conocerme.

Nada se detiene cuando existe necesidad.

Es en el vacío donde todo se materializa
para que seamos transformación.

Sanamos profundizando en el dolor
hasta encontrar el motivo
de esa muerte pasajera,
que al principio permanece invariable
ajustando nuestros sentidos.

Me faltan vidas para hacer
lo que sé que puedo llegar a hacer.

Todo se transforma al conocer la razón.

Nada es importante si nadie lo sabe.

Después solo queda comienzo.

Del estruendo nace la posibilidad.

Sobran cicatrices.

A veces me pregunto cómo será el mundo.

La aspiración es un conflicto de intereses
que nos mueve a realizar un desgaste
de tiempo y de personalidad.

Ser absoluto es una realidad poco probable.

Cuando me enfado aparece un Dios
que me habla en signos.

Somos historias incompletas.

Qué es el lugar
sino aquello que nos acaricia y acoge.

La prudencia activa mecanismos intrínsecos
que refuerzan con estabilidad y coordinación
al sujeto en sí.

Aceptar el problema es un acto de solidaridad
para con nosotros mismos.

¿Tropezamos o el elemento es el que nos tienta
como advertencia?

Toda teoría justifica y protege
lo que no sabemos.

Descubrimos con más facilidad quiénes somos
cuando la cosa nos va mal.

La luz puede cambiar de color, de intensidad,
e incluso de ambiente y evolución,
aunque nunca podrá cambiar la propiedad
de su razón de ser.

Todo envejece, y es bueno.

Nada está constituido mientras no ejerzamos paralelismos para su aprobación.

El abrazo acoge carencias y entrega necesidades.

Una vida vacía es una muerte prematura.

Siempre que dejas un amor
alguien se lo encuentra.

Soledad,
vieja compañera con memoria.

En nuestros delirios todos somos dioses.

Que seamos dominantes
fortalece nuestra extinción.

Hay ocasiones en que la memoria,
sin orden aparente,
nos traslada al pasado
para que revivamos instantes
como si de nuevas vidas se tratase.

Cómo saber si es real o carencia,
si la realidad verdaderamente existe
o solo es instante de pensamiento positivo,
una muestra que confirma la extrañeza
de aquello que deseamos,
ilusión o puede que deseo.

Antes de aparecer la luz hay un amanecer
en el sueño corto del pensamiento.

Callar lo que no deberíamos saber
es ejercicio de falsa ignorancia.

Cada relámpago es una advertencia.

Cuando existe duda
se descubre otra forma
de entendimiento de las cosas.

Todo intento de restablecer un orden
pasa por un estado de evaluación y aceptación
de los acontecimientos que generaron
la controversia.

Si vives una vida sin deseos
terminas siendo como un árbol sin ramas.

A través del entrenamiento mental
conseguiremos alcanzar el vacío
que nos hará comenzar.

Los años,
además de deteriorar nuestra existencia,
funcionan como herramientas
para protegernos de esa existencia.

Un color puede ser el ejemplo
de aquello que resulta infinito,
el hecho de la visibilidad de nuestra presencia.

Nada del todo se conoce
si no hay sabiduría en la interpretación.

Aunque no se toque sigue siendo cielo.

Entre yo y yo queda un breve espacio
para existir sin compromisos.

La muerte tiene distintas maneras
de incendiarnos.

Cada cuál solo es lo que es,
a pesar de los deseos.

Cortar una flor es arrancar a la belleza
su necesidad de ser.

Responder a la llamada con valentía,
sin olvidar el propósito.

Apartando lo que nos estorba
realmente estamos dividiendo
nuestros intereses,
una selección para restaurar el afloramiento
de nuestro deterioro.

El tiempo empuja hasta hacer desaparecer
el problema.

Sigo estando.

Deberíamos olvidarnos de que estamos vivos
y luego pensar con un pensamiento
más abierto.
Reconstruirnos.

Ver volar a un ave es presenciar la libertad
que se nos fue negada en nuestra evolución.

Llega un momento a nuestras vidas
en que las cosas duelen más y lloramos menos.

Hay un delirio en nuestra memoria
que se llama nosotros.

Cuando algo queda sin explicación,
algo queda a salvo.

Lo más parecido a un grito es un poema.

Todo puede ser otra cosa de aquello que ya es.

La vejez no es tiempo, sino espera.

En plena oscuridad encontramos
más fácilmente
un resquicio de luz.

Todo es juzgado.

Cuanta más claridad existe en la luz
menos definida
se expresa su manera de envolvernos.

El dolor atraviesa a la vez que acoge.

Cada día hablo más con la mirada,
y resulta que siempre hay alguien
que me entiende.

Los relojes muerden el tiempo
sembrando escalofríos en la mirada.

Nos pasamos la vida imaginando.

Consagrarse con el momento exacto,
con la extensa realidad de los sentidos.

Envejecer es la llegada a la mayor verdad.

Un trastorno transitorio es una pequeña derrota
que sufrimos para luego evaluar
distintas perspectivas de adaptación
y apertura a una nueva realidad.

Una vida no es suficiente
para poder amar todo lo que existe.

El día que nos abracemos a nuestra desnudez
habremos dejado de necesitar la aceptación
de los demás.

La naturaleza es la lucha de la evolución.

Hay un momento
en el que la vida y la muerte
se unen para existir.

Observar un retrato nuestro
es algo así como vernos difuntos
en otro tiempo.

Si no hay respuesta a la pregunta
por un instante
se crea un extraño vacío en el pensamiento.

La soledad de la verdad a veces es injusta.

Si usamos como medida
la importancia y trascendencia,
el sentido de nuestros actos será irrelevante.

No todo es belleza en lo hermoso.

La muerte es espera con hambre de tiempo.

Parte de la creencia
es aquello a lo que respetamos
por desconocimiento o temor,
lo demás, es preparación
para afrontar los conflictos
del libre pensamiento.

La verdad es una cuerda de dos extremos.

Tener inteligencia es solo circunstancial.

De nada nos sirve vivir si no entendemos
el porqué de cada día.

Si abrimos los ojos cuando la oscuridad es total,
podemos sentirnos parte del inicio.

No todo lo que cubre protege.

En el bosque todos somos el lobo.

Amo todo lo que existe,
pues solo amando todo puedo amarme.

La muerte espera toda una vida.

En la palabra está la torpeza.

Siempre estoy muy lejos.

Dormir es un modo de escapar de la vida.

Qué difícil encontrar nuestro lugar.

Cuando acabe mi vida seré un nombre.

No es fácil amar cuando ya se ama.

El olvido es un instante,
todo el tiempo de después
carece de importancia.

Solo soy el soporte para una vida.

Si lo que brilla no tiene su propia oscuridad,
no es luz.

Tardé medio siglo
en conocer las variaciones
que hacen que sea yo.

Solo es necesario vivir para darnos cuenta
de todo lo demás.

A veces estoy dentro de mí
sin saber si es mi lugar.

Solo siendo oscuridad
podemos atravesar la oscuridad.

Cuando nacemos
nos marchamos de algún lugar.

Hay otro interior dentro del interior
que supuestamente es el responsable
de poner en orden
nuestra estructura emocional.

Para enfrentarme a la verdadera muerte
primero he de ser ceniza.

Toda composición se materializa
en el preciso instante de su adecuación
al estado real de la fijación en la idea.

El frío de la vida nos viste de superación.

Solo en la profundidad de los pensamientos,
y sin mayor esfuerzo,
seremos capaces de distinguir
nuestras propias diferencias.

AGRADECIMIENTOS

A José Jesús Cabrera Ortiz, de nuevo por su colaboración para la corrección del texto.

A Francisco José De Gomar Noguera, por su sentido y generoso prólogo.

A Carmelo De La Torre López, de nuevo por su inestimable amistad y compromiso, aportando una de sus ilustraciones para dar belleza y mayor sentido a este libro.

Gracias por todo, por tanto.

Gracias de todo corazón.

ÍNDICE